essentials

David Matusiewicz · Vladimir Puhalac · Jochen A. Werner

Avatare im Gesundheitswesen

Wie Virtual Reality Medizin und Gesundheit revolutionieren wird

David Matusiewicz
FOM Hochschule für Oekonomie &
Management
Essen, Deutschland

Vladimir Puhalac
Founder/CEO/CTO, doob 3D
Düsseldorf, Deutschland

Jochen A. Werner
Ärztlicher Direktor und Vorstandsvor-
sitzender, Universitätsklinikum Essen
Essen, Deutschland

ISSN 2197-6708   ISSN 2197-6716   (electronic)
essentials
ISBN 978-3-658-31800-0   ISBN 978-3-658-31801-7   (eBook)
https://doi.org/10.1007/978-3-658-31801-7

Die Deutsche Nationalbibliothek verzeichnet diese Publikation in der Deutschen Nationalbiblio-
grafie; detaillierte bibliografische Daten sind im Internet über http://dnb.d-nb.de abrufbar.

Planung/Lektorat: Margit Schlomski
Springer Gabler ist ein Imprint der eingetragenen Gesellschaft Springer Fachmedien Wiesbaden
GmbH und ist ein Teil von Springer Nature.
Die Anschrift der Gesellschaft ist: Abraham-Lincoln-Str. 46, 65189 Wiesbaden, Germany

- Eine Einführung in das Thema Avatare
- Einen Überblick über die Anwendung von Avataren in der Medizin und im Gesundheitswesen
- Ein Gefühl dafür, welchen Einfluss die virtuelle Realität auf die Gesundheitsbranche hat
- Eine übersichtliche Darstellung der aktuellen Anwendungen
- Eine kritische Betrachtung zukünftiger Anwendungsfelder

Inhaltsverzeichnis

Einleitung

1

Der Begriff Avatar meint eine virtuell erstellte Figur, die eine reale Person repräsentiert und in der virtuellen Welt darstellt. Ein Avatar wird somit als eine grafische Darstellung einer realen Person bzw. eines grafischen Stellvertreters definiert. Diese virtuelle Figur gleicht einem digitalen Zwilling, welcher auf dem Datensatz eines realen Menschen basieren kann. In Foren, einfachen Spielen oder 3D-Communities ähneln Avatare eher Comicfiguren, in aufwendigeren Spielen sind sie durchaus menschenähnlich oder haben eine fotorealistische Fantasiegestalt. Der Begriff „Avatar" stammt aus dem Sanskrit und bezeichnet dort das Annehmen einer irdischen Gestalt durch eine Gottheit. Der fleischgewordene Gott soll die Menschen zum rechten Glauben führen. Vielen Menschen ist der Begriff Avatar aus Verfilmungen bekannt. Im Dezember 2009 erschien der mit einem Produktionskostenbudget von weit über 200 Mio. US\$ bis dahin teuerste Film aller Zeiten unter dem Titel „Avatar" – Aufbruch nach Pandora. Dort nimmt ein Soldat die Gestalt eines Außerirdischen an, um wie ein Eingeborener erscheinender Agent der Erde für die Erleichterung des Abbaus von Bodenschätzen zu sorgen. In dem US-amerikanischen Action-Thriller Film „Surrogates – Mein zweites Ich" aus dem gleichen Jahr spielt Bruce Willis die Hauptrolle. Hier gibt es humanoide Roboter, die dem Menschen als sogenannte Surrogates (engl. Vertreter) nachempfunden sind und von diesem mit einer VR-Brille ferngesteuert werden können. Das Avatare heute nicht nur ein Thema für Kinofilme sind, zeigen aktuelle Projekte in Deutschland und anderen Ländern. Durch einen 3-D-Body-Scan kann heute ein virtuelles Abbild realer Personen als ein sog. „digitaler Zwilling" geschaffen werden. Dieser kann in Echtzeit vom Nutzer bei

1

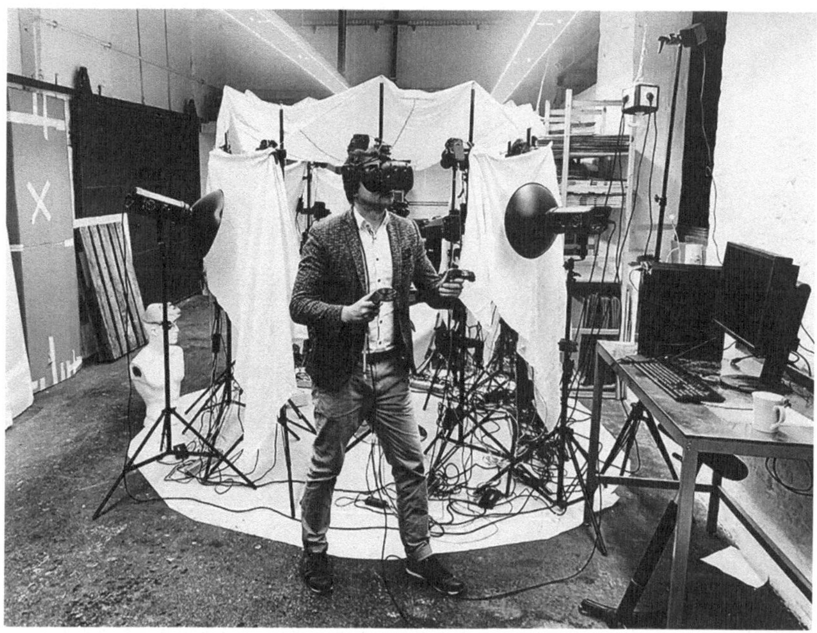

Abb. 1.1 David Matusiewicz bei doob 3D in Düsseldorf während einer VR-Session. (Quelle: doob 3D)

Onlinekonferenzen oder neuen Unterrichtskonzepten gesteuert werden. Realitätsnah wie z. B. bei Fußballspieler in Computerspielen können sich damit reale Personen beispielsweise in virtuellen Räumen treffen (vgl. Abb. 1.1).

Es wird zwischen zwei Arten von Avataren unterschieden: fotorealistische Avatare und generische Avatare. Fotorealistische Avatare stellen Avatare dar, die als ein digitaler Zwilling einer realen Person erschaffen werden. Um einen Avatar von sich selbst zu erstellen, gibt es auf dem Markt 3D-Ganzkörperscanner, die gezielt für den Massenbetrieb konzipiert sind. Diese Geräte setzen im Gegensatz zu herkömmlichen 3D-Scanning-Systemen nicht auf die Technik der Fotogrammetrie, bei der zweidimensionale Fotos nachträglich in einem zeitaufwendigen Verfahren in 3D-Modelle umgewandelt werden. Um den Massenbetrieb zu erreichen, gibt es Geräte, die mit Kamera- und Tiefensensoren ausgestattet sind, welche das Tiefenbild im Moment der Aufnahme wiedergeben können. Dadurch sind sie in der Lage, ein 3D-Modell der gescannten Person schneller zu erzeugen. Wenige Minuten nach dem Scan steht ein animierbarer 3D-Avatar zur Verfügung. Zudem sind diese Geräte so konstruiert, dass sie sich ohne Fachpersonal bedienen lassen. Ihre Kameras und Sensoren beispielsweise befinden sich hinter Glas, sodass die zu scannende Person im Inneren des Gerätes keine Möglichkeit hat, die Technik zu verstellen. Neben dem Einsatzort der virtuellen Welt werden Avatare auch in sozialen Medien, Websites und Communities als Charakterbild genutzt (Matusiewicz 2019). In der nachfolgenden Abb. 1.2 sind jeweils zwei fotorealistische Avatare zu sehen.

Dabei ist es möglich, dass Avatare persönliche Icons (Picons) in zweidimensionaler Form sowie in dreidimensionale grafische Darstellungen wie Comicfiguren sein können. Richard Garriott hat diesen Begriff geprägt. Bereits 1985 erstellte der Spieledesigner mit „Ultima IV: Quest of the Avatar" ein Spielkonzept, welches einen Avatar als Repräsentation des Spielers integrierte. Der aus dem Hinduismus stammende Begriff hat zunächst nur im Bereich des Gamings Anwendung gefunden bis die Entwicklung des Internets die Möglichkeit von Internetforen, Chats, Messenger und schließlich sozialen Netzwerken, Blogs und Websites geboten hat. Ein Avatar wird beispielsweise in Spielen wie „Second Life" oder „World of Warcraft" eingesetzt, um den Spieler erkennbar

Abb. 1.2 Avatare von David Matusiewicz und Jochen A. Werner begrüßen die Leser. (Quelle: Doob 3D)

zu machen. Dabei kann der Avatar zum Teil selbst gestaltet werden, z. B. die Gesichtsform, Augenfarbe, Haarfarbe, Hautfarbe). Jeder Nutzer eines Avatars kann frei entscheiden, ob der digitale Zwilling dem eigenen Abbild ähneln soll oder einen komplett neuen Charakter, eine neue Persönlichkeit erschaffen. Der Avatar kann dann als künstlich erstellte Figur in verschiedene virtuelle Welten eintauchen, um beispielsweise Personen verschiedener Orte zu treffen und zu interagieren bzw. mit ihnen zu kommunizieren. Avatare spielen im Hinblick auf das Internet eine große Rolle, wenn es um Foren oder soziale Medien geht. Egal, wo ein Avatar eingesetzt wird, dient er zur Erhöhung des Wiedererkennungswertes einer Person bzw. eines Profils im Netz. Dieses gleicht einem Trust-Element, das Vertrauen erzeugen soll. Vor allem in sozialen Medien nutzen viele Menschen die Möglichkeit ein echtes Foto ihrer eigenen Person als Avatar darzustellen. Ebenfalls können Avatare durch den Wiedererkennungswert und das Empfinden, eine echte Person vor sich zu haben, auch für Marketingzwecke oder gewerblichen Nutzungen erfolgsversprechend eingesetzt werden, um die Werte des Unternehmens zu kommunizieren. In diesem Zusammenhang verwenden Wissenschaftler die Bezeichnung der visuellen Kohärenz. Ein Avatar sorgt bei einem potenziellen Kunden für einen bleibenden Eindruck, sodass der Wiedererkennungswert möglichst groß ist. Dabei ebenfalls wichtig sind weitere Aspekte, wie zum Beispiel die Farbauswahl, Schriftart und -grad sowie Logos, die in der virtuell erstellten Unternehmenswelt für den Nutzer eingearbeitet werden. Man kann sagen, dass Avatare ein integraler Bestandteil der Corporate Identity geworden sind. Avatare als digitale Kundenberater und Ansprechpartner können die Konversion nachhaltig steigern, weil sie dem Kunden bei ihrem Nutzererlebnis auf der Webseite unterstützend zur Seite stehen und Vertrauen aufbauen können (Dittmann und Marotzki 2017). Neben dem Einsatz in Foren und Sozialen Netzwerken sind Avatare auch in Blogs vertreten. Wenn diese nur dort verwendet werden, nennt man sie auch Blavatare. In Blogs können Avatare neben Kommentaren erscheinen. Wenn ein Avatar auf verschiedenen Blogs identisch ist und global verwendet wird, bezeichnet man diesen als Gravatar bzw. Globally Recognized Avatar (Kirk-Mechtel 2015). Des Weiteren wird im Kontext VR der Begriff Game-Engine oder Spiele-Engine verwendet. Das Wort „Engine" bedeutet Motor. Eine Game-Engine beschreibt das sogenannte Framework (technisches Gerüst) für Spieler, also eine Art Baukasten zur Programmierung oder auch Motorisierung des Spiels. Eine Spiele-Engine umfasst dabei Grafik, Steuerung, Sound und noch weitere Elemente, sodass jede Game-Engine mit unterschiedlichen technischen Bereichen aufgebaut wird (Lorber 2017). Ein weiterer Begriff bezeichnet die Bewegungen, die beispielsweise ein Avatar in VR machen kann. Gemeint ist der Begriff Teleporten. Teleporten bedeutet, einen anderen Platz mit seinem Avatar in der VR einzunehmen. Neben dem Teleporten kann der Nutzer auch andere Bewegungen ausführen. Als die wesentlichen sechs Grundbewegungsmöglichkeiten werden Avoidance, artificial locomotion (klassische Fortbewegung), surrogare vehicle (Cockpit als Referenzrahmen), motion triggered (reale Arm- und Beinbewegungen), magic teleportation & portals (Teleportsprung über einen Lichtbogen oder eine geworfene Kugel), redirected walking (Verzerrungen der realen Drehbewegungen) und reorient playspace (Drehbewegung der Welt) bewertet. Dabei ist die Standardbewegung in VR der Teleportsprung (Gieselmann 2017).

Wer sich beispielsweise mit Industrie 4.0 beschäftigt, der kennt den digitalen Zwilling von Maschinen. Jetzt kommt eine neue Klasse von digitalen Zwillingen – genau genommen ist sie bereits da. Das sind digitale Figuren, die in der Online-kommunikation Personen verkörpern. In der einfachsten Form sind das Bilder, fachsprachlich Icons, die z. B. Teilnehmern in einem Internetchat ein Gesicht geben. Das kann das eigene Bild sein oder eine Kunstfigur. Der 3-D-Body-Scan schafft ein virtuelles Abbild realer Personen – quasi einen digitalen Zwilling, also in Echtzeit vom User/Nutzer gesteuerte bewegte Abbilder realer Menschen, die als Modelle für Onlinekonferenzen oder neue Unterrichtskonzepte fungieren können. Realitätsnah wie Fußballspieler in Computerspielen könnten sich damit reale Personen beispielsweise in virtuellen Räumen treffen.

In den letzten Jahren haben die Begriffe Virtual Reality (VR) und Augmented Reality (AR) vor allem durch technische Weiterentwicklung und Digitalisierung zunehmend an Bedeutung und Verwendung gewonnen. Laut einer Studie des Forschungs- und Beratungsunternehmens werden AR- und VR-Technologien im Gesundheitswesen in den kommenden Jahren einen weltweiten Markt von ungefähr 2,54 Mrd. Dollar generieren (Pinker 2018).

VR ist die Abkürzung für die Begrifflichkeit „virtuelle Realität", bzw. ist korrekterweise damit die englische Begriffszusammensetzung „Virtual Reality" gemeint. Im Jahr 1987 wird VR im „Oxford English Dictionary" erstmalig wie folgt beschrieben: „The computer-generated simulation of a three-dimensional image or environment that can be interacted with in a seemingly real or physical way by a person using special electronic equipment, such as a helmet with a screen inside or gloves fitted with sensors" (Oxford English Dictionary 1987). Ein weiterer Definitionsversuch folgte nach Zitation von Hertel von Jaron Lainer, der VR maßgeblich geprägt hat. Im Jahr 1989 erklärte der Unter-nehmer, Lebenskünstler, Autor und Zukunftsforscher VR als eine „computer-generierte Umgebung, die die verschiedenen Sinne eines Nutzers stimuliert und Interaktionen erlaubt, wenn möglich in Echtzeit". Von 1984 bis 1990 betrieb Lainer mit VPL Research ein Unternehmen zur Entwicklung und Vermarktung von Virtual-Reality-Anwendungen, dessen Rechte 1993 nach Konkurs von Sun Microsystems übernommen wurden. Seine Firma wurde im Jahr 1985 von der NASA beauftragt, einen Datenhandschuh (Dataglove) für Astronauten zu bauen (Hertel 2017). Der Begriff Virtual Reality tauchte erstmals 1982 im Science-FictionRoman „The Judas Mandala" von Damien Broderick auf (Broderick 1982). Sie wird als Weiterentwicklung von AR bezeichnet und ist auf Basis der virtuellen Welt in Computerspielen entwickelt worden. In Computerspielen können reale Menschen vor einem Bildschirm über eine PC-Mouse oder eine andere Gaming-Steuerung (z. B. einen Joystick) Spielfiguren in verschiedenen Leveln oder digitalen Spielorten steuern und interagieren lassen. Der Mensch ist dabei bisher nur passiv eingebunden gewesen. VR ermöglicht somit, den Menschen aktiv zu integrieren und zum virtuellen Spieler bzw. Agierenden in der digitalen Welt zu machen. Der Mensch taucht voll und ganz in eine virtuelle 360-Grad-Welt ein. Dabei kann der Mensch eine virtuell erstellte Welt vollständig mit seinem Körper betrachten, sich in ihr bewegen und interagieren. Das visuelle Gefühl bei einem Menschen entsteht durch das Aufsetzen einer VR-Brille, die einer sogenannten Eintrittskarte für die virtuelle Welt gleicht. Um die virtuelle Welt greifbar zu machen und die Haptik des Körpers miteinzubeziehen, kann der Nutzer zusätzliche Handscanner oder Controller verwenden. Dadurch, dass der Nutzer seine reale Umgebung nicht mehr wahrnimmt, empfindet er in einer anderen Welt zu sein, dort zu leben, sich fortzubewegen und zu interagieren. Diese Empfindung hat eine eigene fachliche Bezeichnung bekommen, welche „Immersion" lautet. Immersion bezeichnet einen hervorgerufenen Effekt, dessen Ursprung aus dem Umfeld des Bewegtbild/Film stammt und einen vollständigen Eintritt, beziehungsweise das Eintauchen in eine künstliche Welt, meint. Setzt man Immersion im sinnhaften Gebrauch der virtuellen Realität ein, definiert der Begriff den Zustand, in dem der Anwender das Bewusstsein verliert, sich in einer künstlichen Welt zu befinden. Mit allen seinen Sinnen lässt der Mensch sich auf das Erlebnis ein und kann, im Gegensatz zur filmbezogenen „Immersion", mit der virtuell erschaffenen Realität interagieren. Immersion kann daher als Kontrast zur Metapher des Fensters, einem Konzept, bei dem man das Geschehene von außen wahrnimmt, angesehen werden (Bockholt 2017).

In der nachfolgenden Tab. 1.1 sind Virtual Reality und Augmented Reality zum Verständnis gegenübergestellt.

Neben den zuvor Begriffen AR und VR gibt es noch den Begriff Mixed Reality (MR), welcher oft fälschlicherweise als Synonym für AR verwendet wird. MR steht für gemischte Realität. Darunter versteht man theoretisch das Gleiche wie unter AR. Denn die reale Umgebung wird mit virtuellen Objekten angereichert und man kann mit den Objekten interagieren. Im Gegensatz zu AR,

Tab. 1.1 Virtual Reality und Augmented Reality

Virtual Reality (VR)	Augmented Reality (AR)
• Nutzer nimmt reale Welt nicht mehr wahr • Eintrittskarte in die 3D-Welt in Form von Hilfsmitteln wie VR-Brille • Immersion abhängig von Leistungsstärke des Rechners • sehen, fühlen und hören möglich • Nutzungsbereich: Schulung, Training, 3D Games, Industrieanwendungen, Architekten, Immobilienvermarktung, Gesundheitswesen, Medizin etc. • Verfügbar sind 360-Grad-Bilder, 360-Grad-Videos und komplett erstellte 3D Welten	• Nutzer behält die Perspektive der realen Welt und kann zusätzliche Informationen abrufen • AR durch ein Smartphone, Tablet, Head-Up-Display, Holographie-System oder eine AR-Brille (z. B. Microsoft Hololens) • Nutzungsbereich: AR Spiele (wie Pokemon Go), Architekten, Einrichtungsplaner, Navigations-App, Werkstattanleitungen, Handwerksbetriebe etc. • Display „Deep Frame" erste AR ohne Brille

Quelle: Eigene Darstellung

bei dem die virtuellen Objekte die realen nur überlagern (z. B. Objekte schweben sinnlos in der Luft), sind die virtuellen Objekte bei MR mit der realen Umgebung verbunden. Im Optimalfall erkennen die MR-Anwendungen reale Objekte, wie Tisch, Stuhl, Couch, Fernseher etc. und ermöglichen eine passende Platzierung des virtuellen Objekts im Raum. Dabei werden die virtuellen MR-Objekte realistisch in die reale Umgebung eingefügt, sodass sie vom Nutzer auch tatsächlich wahrgenommen werden. MR macht es möglich, die MR-Objekte von allen Seiten zu betrachten und diese mit Gestik und Sprache zu steuern bzw. zu bewegen. Daher wird z. B. die Brille HoloLens auch nicht als AR- sondern als MR-Brille definiert (Fraunhofer 2018).

Die drei Begriffe Virtual Reality, Augmented Reality und Mixed Reality schaffen allesamt Erlebnisräume, bei denen mithilfe spezieller Brillen die Realität verändert wird. Mixed Reality ist von Microsoft geprägt worden, als die sog. Hololens auf den Markt gekommen ist. Als Hololens wird eine Brille bezeichnet, die über einen integrierten Windows-10-Rechner mit leistungsfähigen Sensoren verfügt, der seine Umwelt wahrnimmt und dadurch eine sehr genaue Positionierung und eine Interaktion zwischen virtuellen und realen Objekten gewährleistet. Mittels Spracherkennung und Gestenerkennung durch das integrierte Kamerasystem wird die Steuerung ermöglicht. In der Mixed Reality nutzen alle MR-Geräte dieselbe Software, aber in unterschiedlicher Weise (Länger 2017).

Avatare in der Medizin und im Gesundheitswesen

2

Die steigenden Verkaufszahlen im Bereich von VR signalisieren deutlich, dass ein gesellschaftlicher Trend in Bezug auf virtuelle Welten und deren Einsatz neben Serious Games auch in anderen Bereichen wie z. B. im Gesundheitswesen vorliegt. Im Weiteren werden Ihnen Anwendungsfelder in der Medizin, im Gesundheitswesen und in der Psychologie vorgestellt. Innerhalb der Medizin bereichern VR und AR vor allem bei der chirurgischen Ausbildung sowie beim Training und bei Schulungen in den unterschiedlichsten Berufsbildern das Gesundheitswesen (Matusiewicz 2018). Es geht dabei beispielsweise um das Erleben von Operationen. Man will chirurgische Eingriffe virtuell erlebbar gestalten, riskante Eingriffe in virtuellen OPs simulieren und trainieren und schließlich ganze Operationsverläufe planen. Ebenfalls gehören zu dem Bereich: In-Device-Experiences (Funktionalität eines medizinischen Gerätes z. B. Hörgerätes, Prothese oder Gelenk), In-Body-Experiences (Wirkstoffmechanismus eines Medikamentes, Zellfunktionen und Organe des menschlichen Körpers besser verstehen), der Ort der Versorgung (Point-of-Care) zu visualisieren und die Perspektive von Patienten einnehmen (im Pflegebereich, in der Klinik oder Zuhause), Medikamentenforschung und Drug Development und die Visualisierung von komplexen Daten. In dem Anwendungsfeld Gesundheitswesen, mitinbegriffen die medizinische und gesundheitliche Prävention, kann Beachtliches in den Bereichen Entspannungs-Anwendungen, Sport-Fitness- und Rehabilitations-Anwendungen wie virtuelle Flüge und Bike-Touren sowie virtuelle Touren für Behinderte, angereichert um spielerische Elemente der VR und AR zur Motivationssteigerung der Nutzer erarbeitet werden. In dem dritten Anwendungsfeld Medizinische Rehabilitation & Psychologische Therapie werden VR und AR unter anderem in folgenden Bereichen verwendet: Expositions-Therapie (bei Phobien, posttraumatischen Belastungsstörungen, der

D. Matusiewicz et al., *Avatare im Gesundheitswesen*, essentials, https://doi.org/10.1007/978-3-658-31801-7_2

Überwindung von Ängsten), Schmerztherapie (das Schmerzzentrum des Gehirns wird abgelenkt und das Schmerzempfinden während der Behandlung signifikant reduziert), Rehabilitation von Schlaganfallpatienten, Ernährungsberatungen und Bewegungstrainer (bei Fettleibigkeit oder Diabetes), Gaming-App zum Verständnis und Verhaltenstraining von Diabetes-Patienten, Senkung der Medikamenten-Ausfallrate bei Kindern durch virtuelle Gaming-Konzepte und Parkinson-Simulation aus Sicht eines Patienten. In allen Bereichen kann man mehr über den Patienten lernen, ihn besser anleiten, steuern und individuellere Therapiemöglichkeiten bieten. Vor allem aber kann auch der Behandelte sich selber helfen, sich besser kennen und einschätzen zu lernen und die Therapie flexibler organisieren und anzuwenden (Gerards 2017).

2.1   Anwendungsfelder in der Medizin

Ebenso wichtig ist die praktische Aus-, Fort- und Weiterbildung in der Medizin. Unabhängig davon, ob diese konventionell real oder virtuell real erfolgt, die Durchführung muss gelehrt und gelernt werden. Nicht jeder kann die praxisnahe Ausbildung in einem modernen Schockraum einer großen Klinik durchlaufen. Genau hier setzt die VR an, indem das Gebiet VR Healthcare in der medizinischen Ausbildung das Sammeln praktischer Erfahrungen von lebensrettenden Prozeduren ermöglicht. Eine der größten Herausforderungen in der medizinischen Ausbildung ist, dass Medizinstudenten während ihres Studiums hinreichend praxisnahe Erfahrungen sammeln sollen, ohne dabei die Patientensicherheit zu gefährden. Ein möglicher Weg, dies zu ermöglichen, ist der Einsatz von VR Healthcare in Form von Simulationssystemen. Solche Systeme bringen den Studierenden eine realistische Simulation, ohne einen realen Patienten behandeln zu müssen. In der nachfolgenden Abb. 2.1 ist eine Simulation eines Patienten (hier in Form des Mitherausgebers Vladimir Puhalac) zu sehen.

Alle notwendigen Schritte und Techniken können die Studentenmit einem direkten Feedback über ihr Sichtfeld trainieren. Ohne die Nutzung von VR werden Trainingsvideos oder das reine Beobachten als Training durchgeführt und es wird eine passive Rolle eingenommen, mit Hilfe von VR kann der Studierende aktiv am Objekt handeln. Vorteilhaft ist, dass alle Szenarien so oft wiederholt und somit erlernt werden können, wie der Student und Dozent es für notwendig empfindet, letztendlich auch unabhängig von bestimmten Tageszeiten oder Örtlichkeiten. Dieses Verfahren steigert die Fähigkeiten und Fertigkeiten der angehenden Ärzte (Pinker 2018). Beispielsweise erstellen Next Galaxy und das VR HealthNet virtuelle Räume, die möglichst realistische Erfahrungen

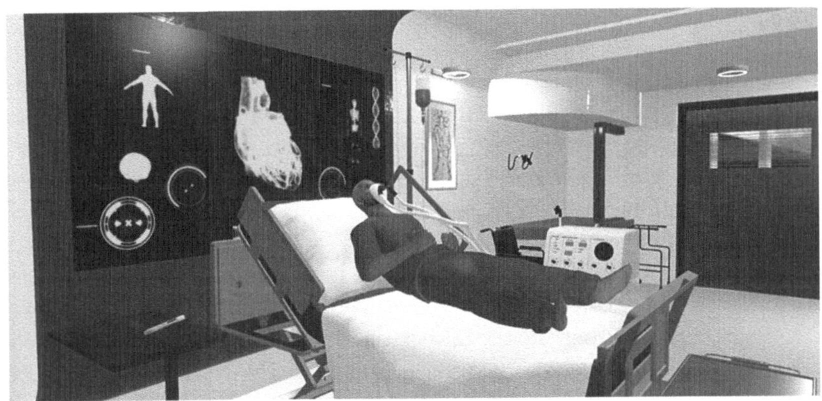

Abb. 2.1 der Avatar von Vladimir Puhalac kann ebenso zu Schulungszwecken genutzt werden. (Quelle: doob 3D)

an virtuellen Patienten gewährleisten. Ebenfalls unterstützt VR die Steuerung von Operations-Robotern, welche Bewegungen vollziehen, die für menschliche Hände schwierig oder auch unmöglich sind. Diese Abläufe können trainiert und durch eine VR-Brille besser gesteuert werden (Friedrich 2016). Ein Beispiel kann die Simulation eines Patienten sein. Für die Medizin eröffnet VR ein großes Wirkungspotenzial und einen starken Nutzen für die Patienten. Unterstützt durch Künstliche Intelligenz (KI) wird ermöglicht, dass eine sichere Gestaltung der Verwendung von Medizinprodukten gewährleistet wird. Möglich ist dies mit dem bereits erwähnten Digitalen Zwilling, der entweder den Patienten oder ein Medizinprodukt auf dem Computer simuliert. Im Bereich Industrie 4.0 werden Digitale Zwillinge infolge einer Konvergenz der Technologien stets relevanter, die ihre Existenz überhaupt erst möglich gemacht haben. Dank der Cloud-Technologie, dem Internet der Dinge (IoT), fortgeschrittenen Simulationstechniken sowie der riesigen Menge an zur Verfügung stehender Rechenleistung stellen Digitale Zwillinge eine Zukunftstechnologie dar, die viel Potenzial mich sich bringen dürfte. Ein Digitaler Zwilling ist ein virtuelles Duplikat, welches meistens in 3D erzeugt wird, eines realen Systems. Zwischen dem digital erstellten Zwilling (oder auch Avatar genannt) und dem realen Menschen findet ein permanenter Datenaustausch über Sensoren statt. Am realen System wird der Zwilling ständig aktualisiert, sodass eine Überwachung des Systemzustands in Echtzeit geschehen kann. Dieser Prozess ist jedoch nicht nur zur Statusaktualisierung des realen Systems geeignet. Der Zwilling kann so programmiert werden, dass „Was-wäre-wenn-Szenarien" ausgeführt sowie optimale Parameter für die jeweiligen Systemfunktionen ermittelt werden können. Wie zu Beginn ansatzweise in der Erklärung zur Herstellung eines Avatars beschrieben, umfasst ein Digitaler Zwilling verschiedene Ebenen, wobei jede virtuelle Ebene einer bestimmten physikalischen Ebene entspricht. Diese Ebenen können physikalische Prozesse, Materialien, Strukturen, Elektronik, Flüssigkeiten usw. umfassen. Solange ein System gemessen werden kann, kann es mit einem Digitalen Zwilling modelliert werden. Je mehr Daten am realen System erfasst werden können, desto beständiger und detailgetreuer kann die digitale Kopie dargestellt werden. Der Digitale Zwilling bietet zahlreiche Informationen für diagnostische oder prognostische Zwecke, sodass Ausfallzeiten reduziert und die Rentabilität erhöht werden können. Laut dem Senior Research Engineer bei Autodesk kann ein Digitaler Zwilling eine neue Art der Schnittstelle zur realen Welt bieten, indem er ein realitäts- und detailgetreues digitales Abbild der realen Welt erschafft (Keane 2018). Ein Digitaler Zwilling eines Patienten wird durch verschiedene Gesundheitsdaten entwickelt. Gesundheitsdaten können beispielsweise in simpler Form von Fitnessuhren oder -trackern entnommen werden oder durch eine deutlich komplexere Variante wie einer Genanalyse stammen. Der Computer entwickelt anhand der gesammelten und verarbeiteten Daten so weit wie möglich ein detailgetreues, digitales Ebenbild des Patienten. Anhand dieses digitalen Zwillings wird die Gelegenheit geboten, die Folgen einer Operation oder der Einnahme bestimmter Medikamente auf den individuellen menschlichen Organismus zu simulieren. Vor der realen Einnahme können folglich Erfolgsaussichten und Risiken einer Behandlung sowie der Heilungsverlauf prognostiziert werden. Vor allem können dadurch zunehmend auch Operationen erbracht werden, auf die ohne den Einsatz eines Digitalen Zwillings wegen eines vermeintlich hohen Risikos und unklarer Datenlage verzichtet worden wäre. Durch den Digitalen Zwilling wird die Möglichkeit geboten, die Gesundheitsbranche weiter zu digitalisieren und kontrollierter zu verändern, Kosten (z. B. für unnötige Operationen oder unpassende Medikamente) zu sparen und die Lebensqualität von Patienten zu verbessern. Denn beispielsweise musste früher bei der Fehlfunktion eines Herzschrittmachers direkt eine Operation eingeleitet werden, heute kann ein Digitaler Zwilling die vorhandene Datenlage aufzeigen und zur Vermeidung einer Operation verhelfen. Ebenfalls profitieren die Hersteller von Medizinprodukten vom Einsatz eines Digitalen Zwillings. Das digitale Abbild eines Produkts unterstützt den Hersteller dabei, seine produktsicherheits- und produkthaftungsrechtlichen Pflichten zu erfüllen und vorab in digitalen Testläufen das Verhalten des Medizinprodukts bei bestimmungsgemäßer Verwendung auszuprobieren. Ebenfalls ermöglicht die Datensammlung von befindlichen

Medizinprodukten zu wertvollen Rückschlüssen auf die Konstruktion künftiger Produktmodelle. Die Markteinführung wird dem Hersteller somit leichter gelingen. Die Relevanz datenschutzrechtlicher Vorgaben sollte hierbei jedoch nicht verkannt werden (Schuh 2018).

Am Simulator können Ärzte zudem schneller und effektiver als durch Zuschauen in einem echten Operationssaal lernen. Chirurgen halten auf einem Bildschirm eine Gallenblase in einer Zange. Mit einem zweiten Instrument verödet er das Gewebe um das täuschend echt wirkende Organ, dann Schritt für Schritt zu entfernen. Angenommen wird durch die Übung mit VR, dass die heranwachsenden Ärzte die Technik schon vor dem ersten echten Eingriff sehr gut beherrschen, sodass weniger Komplikationen auftreten. In dem virtuell ausgestatteten Trainingszentrum unter Betreuung von Felix Nickel, werden beispielsweise Bauchspiegelungen mit denen entzündete Blinddarmfortsätze oder Gallenblasen entfernt werden, durchgeführt, und zwar mit Hilfe von VR, sodass die Studenten auch für die Durchführung dieser speziellen Operationen vorbereitet werden können. Ebenfalls ist ein virtuelles Präparieren von Leichen durch die digitalen Möglichkeiten gegeben. Studierende können vor dem eigentlichen Präparationssaal die Bilder einer Leiche wahrnehmen. Dieser Tisch hat keine Oberfläche aus Metall, sondern einen riesigen Bildschirm, über den man wischen kann wie über ein Smartphone. Dieser zeigt dann verschiedene Körper, bei denen man beispielsweise über die Öffnung der Schädeldecke mittels Touchbewegung das Gehirn einsehen kann. Mit den Fingern kann gesteuert werden, was man sich näher ansehen bzw. untersuchen möchte. So kann Beispielsweise das Gehirn geöffnet werden. Röntgenbilder des Schädels oder Aufnahmen aus dem CT können ebenfalls dadurch abgerufen werden. Die Studierenden sollen durch virtuelles Präparieren Berührungsängste verlieren, die Lage der Organe im Köper entdecken und auch den sicheren Umgang mit den bildgebenden Verfahren erlernen. Solche AR und VR Anwendungen aus der Unterhaltungsindustrie werden vermehrt auf den medizinischen Kontext übertragen und zum Beispiel in der Universität Heidelberg zum Anlernen der Studierenden eingesetzt. Diese modernen VR Technologien können beispielsweise Präparierübungen der Medizinstudenten verbessern. Ob sie diese ersetzen können, ist aktuell noch aus zwei Gründen fraglich. Zum einen wird vielfach noch klassisch manuell operiert, sozusagen mit Pinzette und Schere. Zum anderen hat der Präpariersaal für Studierende eine weitere Funktion, die in der virtuellen Welt zumindest aktuell nicht ersetzbar ist. Die Achtung, der Respekt vor dem Toten, vor dem Körperspender und der Umgang mit dieser Situation. Bei dem Einsatz von VR im Gebiet der Medizin gibt es innerhalb der Handlungsfähigkeiten und dem großen Einsatzgebiet nicht so sehr technische Probleme.

Nicht außeracht gelassen werden dürfen mögliche rechtliche Probleme. Denn die Auflagen des Datenschutzes basieren darauf, dass sensible Patientendaten über das WLAN übertragen werden müssen und dieses Verfahren eine Bremse in dem technischen Fortschritt der Medizin darstellt (Nauber 2016).

Neben diesen Beispielen wird VR auch in der Zahnarztpraxis angewendet. Anhand von 3D-Modellen von Zähnen oder menschlichen Köpfen können in Trainingssituationen verschiedene Techniken trainiert werden, die sonst nur an plastischen Figuren ohne Sensoren und Feedback erlernbar sind. Beispielsweise ist ein Zahnarztstuhlsystem mit dem Namen „HapTEL" (Haptics Technology Enhanced Learning) in der Lage, verschiedene Situationen der Patienten nach-zuempfinden. Der physische Druck kann anhand von haptischer Erfahrung des Bohrers gefühlt werden. Eine Anzeige am Stuhl lässt den Behandler erkennen, wann der Druckpunkt erreicht ist, der bei einem durchschnittlichen Patienten zu Schmerz führen kann. Neben Zahnmedizinstudenten können auch Gesundheits- und Krankenpfleger den Umgang mit Patienten in virtuellen Umgebungen trainieren. Ein Praxisbeispiel, für die Erforschung von Anwendungsfällen mit VR-Brillen zum Erlernen eines korrekten Umgangs mit Patienten, ist die Nursery University of Texas at Arlington, die sich auf Erfahrungen mit Second Life spezialisiert hat. Die spanische Firma Indra arbeitet zusammen mit der Rafael del Pino Foundation aus Madrid an einem Forschungs-Projekt namens Toyra für die Rehabilitations-Anwendungen mit Patienten. Toyra ist dafür entwickelt worden, um die Interaktion mit virtuellen Objekten zu fördern und dabei das Wieder-erlernen von realen Bewegungsabläufen in alltäglichen Situationen zu erleichtern. Neben der besseren Erfassung von Daten, gibt die Analyse auch Aufschluss über eine angemessene Vorbereitung des Patienten auf normale Situationen. Ein anderes Anwendungsbeispiel von AR ist ein vom Bundesministerium für Bildung und Forschung unterstütztes Projekt der RWTH Aachen, welches Ersthelfer an einem Unfallort unterstützen soll. Eine Datenbrille namens AUDIME kann Not-ärzte bei der Anleitung von Helfern unterstützen, indem mithilfe einer Datenbrille die Helfer zu Erstversorgungsmaßnahmen angeleitet werden können. Dadurch sind sie in Katastrophensituationen nicht allein und können unter Anleitung von Fachspezialisten die richtigen Entscheidungen und Handlungsschritte vollziehen. Die Ersthelfer als Nutzer bekommen über einen Monitor auf dem Brillenglas für die jeweilige Situation wichtige Informationen eingeblendet, um schnell und richtig handeln zu können oder können eine direkte Hinzuschaltung von Not-ärzten am Einsatzort ermöglichen (www.audime-projekt.de). Neben diesem Bei-spiel gibt es auch Katastrophenfälle in Krankenhäusern, die gut organisiert sein müssen. Das Projekt TRACY ist von der Hochschule für Technik und Wirtschaft Berlin gemeinsam mit der Charité Universitätsmedizin Berlin und dem Deutschen

Zentrum für Luft- und Raumfahrt entstanden. Trainingsteilnehmer werden mittels innovativer Schnittstellen in eine hochgradig immersive, virtuelle Welt versetzt. Die Forscher gehen davon aus, dass das Durchspielen von möglichen Situationen in VR die Schulungsteilnehmer handlungsfähiger in realen Situationen macht. TRACY ist eine detailgetreue Nachbildung von praktischen Ernstfällen. „3D-Head-Mounted Displays" bereiten dem Nutzer ein eindrucksvolles Seherlebnis und präziser Raumklang ermöglichen die akkurate Orientierung im virtuellen Raum, sodass die menschlichen Sinne ganzheitlich angesprochen werden.

2.2 Anwendungsfelder im Gesundheitswesen

Die Anwendungsszenarien für VR im Gesundheitswesen sind vielfältig und werden von den Wissenschaftlern stark diskutiert. Durch die VR-Anwendungen wird kein stationärer Aufenthalt ersetzt werden können, es kann aber beispielsweise zu einer Entlastung in Vor- oder Nachgesprächen kommen. Insbesondere im ambulanten Bereich gibt VR vielfältige Möglichkeiten wie bei dem Szenario der Aufklärungsgespräche. Die sog. 5-Minuten-Medizin kann durch VR in Zukunft eher der Vergangenheit angehören. Denkbar ist, dass beispielsweise Patienten mit Ärzten in der virtuellen Arztpraxis kommunizieren, obwohl beide jeweils an einem anderen Ort sind. Dabei müssen sie sich keineswegs gegenüber an einem Tisch sitzen. Weiterhin ist denkbar, dass der Avatar des Hausarztes eine künstliche Intelligenz erhält oder einen Algorithmus einprogrammiert bekommt und Random-Bewegungen macht (die passend zum auditiven Gespräch sind). Dadurch könnte der Patient so lange und oft die gleichen Fragen stellen bis er die Antwort aufgenommen und verstanden hat, ohne vom Arzt komisch angeschaut zu werden. Somit wird ebenfalls das Schamgefühl in einem face-to-face Gespräch reduziert oder gar vermieden. Vor allem bei einem Aufklärungsgespräch können verschiedene Schwierigkeiten und Gedankengänge angesprochen und durchgespielt werden, ohne Zeitdruck. In diesem Fall würde der reale Arzt erst später per virtuellem Monitor dazukommen und erneut fragen, ob noch weitere Fragen offen sind, die der Digitale Zwilling nicht beantworten konnte. Im ersten Schritt würde der Patient somit den Arzt, samt äußerem Erscheinungsbild und Stimme, durch den Avatar kennenlernen und vorab entscheiden können, ob der Arzt zum Patienten passt. Das Aufeinandertreffen mit dem analogen Zwilling wäre dann nicht mehr mit einem Angst- und Distanzgefühl verbunden, sondern vielleicht mit positiven Emotionen und einem Gefühl von Vertrautheit. Zukünftig könnten dem Patienten unnötige Wartezeiten, wenig ansprechende Wartezimmer und sonstige

Unannehmbarkeiten erspart bleiben. Wie ein derartiges Wartezimmer aussehen kann, ist in der nachfolgenden Abb. 2.2 zu sehen.

Darüber hinaus stellt VR eine weitere Möglichkeit für Patienten dar. Patienten können sich in VR mit den Digitalen Zwillingen anderer Patienten treffen und über verschiedene Themen diskutieren und Erfahrungen austauschen. Damit wird eine Art der Selbsthilfegruppe gebildet. Diese neue Möglichkeit bringt vor allem den Vorteil mit sich, dass die Menschen sich nicht real gegenüberstehen und sich so freier in der Kommunikation fühlen. Sie teilen sich uneingeschränkter über Probleme mit, weil sie sich in Sicherheit und unerkannt fühlen. Des Weiteren wird angenommen, dass vor allem seltene Erkrankungen, bei denen es weltweit nur wenige Patienten auf der Welt gibt, einen hohen Mehrwert durch den weltweiten Austausch haben. Diese Zusammenkünfte sind viel weniger an den einen Abend der Woche gebunden, sie lassen sich flexibler terminieren. Diese Möglichkeiten münden in mehr Convenience und erhöhen letztlich die Lebensqualität. Die neue Technologie kann dazu beitragen, den Problematiken des demografischen Wandels entgegenzuwirken. Ältere Menschen könnten von VR profitieren, indem die Lebensqualität gefördert wird, durch mehr Teilhabe am Leben. Sie hätten künftig mehr Möglichkeiten, sich auszutauschen, ohne mobil sein zu müssen. VR würde weiterhin ermöglichen, dass sie sich über ihre Pflege austauschen könnten und eine neue Möglichkeit der Rückmeldung und Bewertung durch ein Pflegebewertungs-Instrument (Assessement-Tool) erhalten würden. Sie würden mit VR dazu befähigt werden, sich im virtuellen Raum zu bewegen, sodass reale Stürze vermieden bzw. reduziert werden könnten.

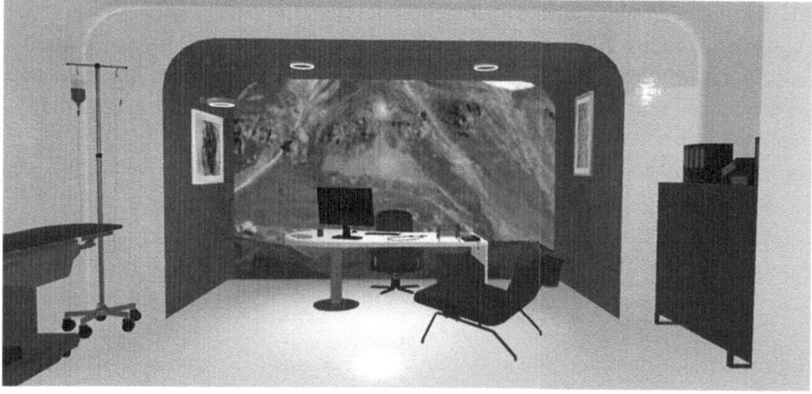

Abb. 2.2 Das virtuelle Wartezimmer. (Quelle: doob 3D)

Darüber hinaus kann die VR-Anwendung bei älteren Menschen zum „Healthy Ageing" beitragen, indem die Gesundheit durch sportliche Aktivitäten (bspw. virtuelles Kegeln) gefördert wird. Eine explorative Pilot-Feldstudie am Beispiel des österreichischen Projektes „SenseCity" von Joanneum research digital hat die Gesundheitsfolgen und das Potenzial von VR in der Gesundheitsförderung und der Prävention (GFuP) bei über 65-Jährigen untersucht. Dabei haben die Testpersonen virtuelle Ausstellungen oder Parks besichtigt oder reisten mit der Gondel durch das virtuelle Venedig. Innerhalb der Forschung wurden Interviews durchgeführt, um Emotionen, Wahrnehmungen und Ideen zu VR zu analysieren. Die Zielgruppe wurde dabei aktiv in die VR-Entwicklung einbezogen. Als positive Erfahrungen sind Sätze wie „mir hat der sonnige Park wahnsinnig gutgetan" oder „mir hat die Gondelfahrt durch Venedig besonders gefallen, ein Gefühl mit Erinnerung verbunden" bewertet worden. Auch Serious VR-Games sind eingesetzt worden und zeigten einen Mehrwert für die Balance und kognitive Fähigkeit auf. Ebenfalls sind dadurch frühzeitig Defizite identifiziert worden. Aus Sicht der Testpersonen liegen vor allem die Vorteile im Gesundheitsbereich beim Einsatz von VR. Selbst die technische Umsetzung ist schnell als userfreundlich empfunden worden, sodass Rückmeldungen wie „nicht so schwierig, wenn man mal weiß wie es geht!" geäußert worden sind. Keiner der Probanden äußerte schwerwiegende Beschwerden wie beispielsweise Motion Sickness. Die Studie hat dabei als wesentlich dokumentiert, dass es für die Akzeptanz neuer Technologien wichtig ist, eigene Erfahrungen zu sammeln und sich darüber auszutauschen. Die älteren Probanden haben dadurch eine bessere Sensibilität darüber erhalten, was es bedeutet, in der virtuellen Welt zu sein. Das aktive Erleben bedingt eine nachhaltige Motivation, um die Chancen für VR zu nutzen. Über die Studie hinaus wird es bis zur Etablierung dieser Technologien noch einige Zeit in Anspruch nehmen und weitere Forschung auf Basis von Praxiseinsätzen notwendig sein. Es könnte aber vor allem zukünftig ein gezielter Einsatz in Seniorenheimen verstärkt werden, um auf diese Art und Weise die Aktivitäten im sozialen Umfeld auszubauen. Bislang ist es zwar noch schwierig, für die Zielgruppe kostengünstige Testmöglichkeiten zu schaffen, aber zeitnah wird sich dieses durch die dynamische Entwicklung ändern, beispielsweise durch den Einsatz der neuen VR-Brille „Oculus Quest" von Facebook, die ohne stationäres Zubehör auskommen wird und somit eine hohe Benutzerfreundlichkeit bietet (Herb und Matusiewicz 2019). Um die VR Entwicklungen voranzutreiben, ist Alacris Theranostics Teil des neuen multidisziplinären EU-Flaggschiff-Projektes „DigiTwins", welches mit einer Summe von 1 Mrd. EUR über 10 Jahre hinweg gefördert werden soll. Ziel dieses Projektes soll sein, dass auf der Grundlage der virtuellen Patienten eine funktionierende personalisierte Gesundheitsversorgung und -Prävention entwickelt wird. Mit DigiTwins wird eine Vision für ein erfolgreiches individualisiertes Gesundheits- und Krankheitspräventions-system angestrebt. Dieses soll anhand einer detaillierten Charakterisierung des Patienten in Form von klinischer, molekularer, bildgebender und sensorbasierter Analyse und der Auswertung von Befindlichkeits-, Gesundheits- und Krank-heitsverläufen ermöglicht werden. Diese Vision stellt einen Paradigmenwechsel im Gesundheitswesen dar, indem die neuesten Omics-, Sensor-, Computer- und Kommunikationstechnologien Anwendung finden, um eine personalisierte und präventive Medizin zu ermöglichen (DigiTwins 2019).

Für viele ist der Gang zum Arzt ein Hindernis, sei es aus Mobilitätsgründen, aus Angst oder zeitlichen Herausforderungen. Mehrere Unternehmen, die den Einsatz von 3D-Technologien, Augmented Reality und virtueller Realität im Gesundheitswesen untersuchen, schätzen, dass man unter Hinzunahme von technischen Möglichkeiten der nächsten Generation im Gesundheitswesen solche Erfahrungen angenehmer gestalten kann und beispielsweise den unverkennbaren Krankenhausgeruch vermeiden oder zumindest diese Assoziation beeinflussen kann. Das Unternehmen BioDigital – das „Google Maps des menschlichen Körpers" – ist eines der Unternehmen, die Untersuchungen in 3D ermöglichen. Ärzte wie Patienten werden von einer Informationsflut überrollt, weswegen es wichtig ist, mittels 3D-Technologie Inhalte zugänglicher und ansprechender gestalten zu können. Einerseits wird dadurch das Verständnis gefördert und zudem auch die Wissensspeicherung. Die BioDigital-Plattform mit ihrem cloud-basierten 3D-Modell des menschlichen Körpers umfasst mehr als 5.000 anatomische Objekte, die bereits von über 2.500 Universitäten für die Lehre genutzt werden. Neben diesem gibt es noch das Londoner Unternehmen Open Simulation, welches einen erschwinglichen Simulator für die chirurgische Aus-bildung in Laparoskopie entwickelt. Yeshwanth Pulijala verfolgt mit dem Unter-nehmen das Ziel, 2,2 Mio. OP-Mitarbeiter zu schulen, damit diese den 5 Mrd. Menschen helfen können, die keinen Zugang zu angemessener chirurgischer Ver-sorgung haben. Ein weiteres Feld der Anwendung zeigt das US-amerikanische Unternehmen Medical Augmented Intelligence, welches interaktive 3D-Modelle des menschlichen Körpers für die Akupunktur-Ausbildung bietet. Studierende erfahren in der virtuellen Realität, mittels Handbewegungen einen digitalen menschlichen Körper zu studieren. Röntgenbilder von Muskeln und Nerven werden dafür hinzugezogen, um eine Ortung und Bewertung durchführen zu können, an welchen Stellen Akupunkturnadeln gesetzt werden sollen. So sollen die Studierenden einen geschulten Umgang mit einer realen Person erlernen. Durch die virtuelle Interaktion wird das Gefühl der Studierenden positiv beein-flusst und Berührungsängste werden gehemmt, was wiederum dazu führt, dass

Fehler vermieden werden Da häufig dieselben Akupunkturpunkte genutzt werden, ist es vor allem für die Studierenden wichtig, einschätzen zu können, welcher Einstichwinkel und welche Stichtiefe für das einzelne Krankheitsbild genutzt werden muss. Neben der effektiven Wissensvermittlung ermöglichen 3D-Technologien eine kooperativere Lernumgebung in der erweiterten Realität, denn dort können die Studierenden sich mit anderen Studierenden oder Dozenten über Anwendungen und Erfahrungen austauschen (Mogk 2018).

2.3 Anwendungsfelder in der Psychologie

Expositionsbasierte Therapien werden zur Behandlung von Zwangsstörungen, Panikstörungen, spezifischen Phobien und sozialer Angststörung eingesetzt (APA Presidential Task Force on Evidence-Based Practice 2006). Die Wirksamkeit der kognitiven Verhaltenstherapie (CBT) bei Angststörungen wurde zwar nachgewiesen (z. B. Hans und Hiller 2013; Hofmann et al. 2012; Carpenter et al. 2018) und trotzdem wird nur eine Minderheit von Personen damit behandelt (Marcks et al. 2009; Hipol und Deacon 2013). Diese Behandlungslücke verdeutlicht wie bedeutsam es ist, alternative Möglichkeiten für die Bereitstellung von Behandlungen auf Expositionsbasis in Betracht zu ziehen. Virtual Reality Technologie ermöglicht es, die Expositionstherapie zu verbreiten. Die Technologie ist so weit entwickelt, dass die Qualität der Bilder besser ist und die Kosten viel niedriger sind als bei einer herkömmlichen Psychotherapie (Milo et al. 2016). Laut verschiedener Umfragen wird deutlich, dass die Möglichkeit nicht nur zur einfacheren Verbreitung führt, sondern auch immer mehr Menschen eine Virtual-Reality-Expositionstherapie (VRET) einer gewöhnlichen Expositionstherapie vorziehen. Eine Studie hat ermittelt, dass 76 % der Teilnehmer VRET gegenüber einer in-vivo-Exposition auswählten (Garcia-Palacios et al. 2007). Eine andere Studie an Studierenden ergab, dass 81–89 % der befragten Studenten VRET der in vivo-Expositionstherapie vorziehen würden (Garcia-Palacios et al. 2001). Zudem weist eine frühere Metaanalyse daraufhin, dass VRET im Vergleich größere Auswirkungen und Erfolge erzielt hat, attraktiver für Patienten scheint und leichter zu verbreiten ist (Powers und Emmelkamp 2008). Der Erfolg von VRET lässt sich bei der Behandlung spezifischer Phobien auch in den APA-Richtlinien für empirisch gestützte Behandlungen wiederfinden.

Ein anderes Anwendungsfeld ist die Psychologie, die Patienten dank VR erfolgsversprechende Möglichkeiten bieten kann. In virtuellen Welten können echte Ängste überwunden werden. Gerade bei der Behandlung von Angst- und Belastungsstörungen oder Phobien ist VR äußerst effektiv. Sei es die Konfrontation mit Arachnophobie (Angst vor Spinnen), Klaustrophobie (Angst vor Enge) oder sozialen Phobien. Das Anwendungsfeld ist groß. Bei einer VR-Therapie kann der Patient über eine VR-Brille in eine Angst auslösende Situation versetzt werden. Beispiele hierfür wären Menschen mit Flugangst, welche in ein virtuelles Flugzeug steigen oder Spinnenphobiker, die in einen Raum mit künstlichen Spinnen gestellt werden. Dabei begleitet der reale Therapeut, ebenfalls als Avatar erstellt, die Simulation und kann auf Knopfdruck beispielsweise die Anzahl der Spinnen erhöhen oder Turbulenzen im Flugzeug auslösen. Die Avatare sind bewusst künstlich dargestellt und werden über Mikrofone von echten Psychologen besprochen. Bei den unterschiedlichen Therapien und Übungsansätzen sollen die Patienten den alltäglichen Smalltalk hören, beispielsweise wie andere Gäste über die Patienten reden oder sich lustig machen. Der Patient soll dadurch seine Konzentration fördern und den natürlichen Umgang in der Gesellschaft erlernen. Die Forscher möchten dadurch herausfinden, ob eine künstliche Umgebung zur Bewältigung von sozialen Ängsten förderlich sein kann, um Menschen auf reale Situationen vorzubereiten (Craig 2016; Friedrich 2016).

Die virtuelle Therapie gleicht den Prinzipien wie die konventionelle Konfrontationstherapie. Patienten mit verschiedenen Ängsten werden in der virtuellen Welt diesen Ängsten ausgesetzt, um sie zu überwinden. Die VR-Therapie weist dabei entscheidende Vorteile gegenüber den realen Konfrontationsmöglichkeiten auf. Neben einer schnelleren, leichteren und kontrollierbareren Umsetzbarkeit wird dem Patienten weniger Aufwand bereitet. Die Therapie kann direkt vor Ort in der Praxis durchgeführt werden, sodass auch die Kosten für eine Durchführung günstiger werden. Neben der virtuellen Therapiereise unter Anleitung und Führung des Therapeuten kann zusätzlich eine mobile Anwendung über eine VR-Brille mit Smartphone über eine App ortsunabhängig vom Patienten selbst trainiert werden. Einen Therapeuten wird die VR-Therapie allerdings auch dann nicht ersetzen. Der Therapieprozess könnte aber beschleunigt und der Patient schneller von seinen Ängsten befreit werden. Ebenfalls weist die Forschung auch erste Therapieversuche und -erfolge in der VR Behandlung mit Suchtkranken, Depressiven und chronischen Schmerzpatienten auf. Suchtkranke können virtuell den Umgang mit Situationen, die das Verlangen nach einem Suchtmittel auslösen, durchspielen. Beispielsweise werden Alkoholiker in eine virtuelle Kneipe gestellt. Dabei üben sie, alkoholische Getränke abzulehnen, die durch einen Avatar angeboten werden. Auch Nikotinabhängige können so den Umgang mit Zigaretten lernen, indem sie an einer Bushaltestelle warten müssen oder einen Kaffee in einer virtuellen Küche trinken, ohne dabei zur Zigarette zu greifen. Ebenfalls ist es einem Forscherteam vom University College London mithilfe eines eigens entwickelten Programms gelungen, selbstkritisches Verhalten zu beeinflussen und eine Depression zu lindern, indem die Probanden das eigene digitale Abbild in Form eines Avatars selbst therapierten. Depressionen bei Langzeitpatienten können dadurch ebenfalls vorgebeugt werden, indem Patienten in faszinierende Unterwasserwelten, wo sie mit Delfinen und Walen tauchen, beeindruckende Gebirgswelten überfliegen oder in ferne Länder reisen können, wodurch die Menschen positive Energie ziehen können (UCL 2016).

Ein weiteres Beispiel der VR-Technik als effiziente Möglichkeit für Konfrontationstherapien weist die am King's College in London durchgeführte Feldstudie zur Paranoia-Therapie auf. In der Studie werden die zu Behandelnden in eine virtuelle Bar gestellt, wo eine Interaktion mit Avataren in der virtuellen Umgebung stattfindet. Gesteuert werden die Avatare von realen Psychologen über Mikrofone. Der Patient soll bei dem Dialog Hintergrundgeräusche von anderen Gästen erhalten, welche sich unterhalten und lustig machen, sodass eine Ablenkung bzw. Konzentrationsstörung ausgelöst werden. Erforscht wird dabei, ob eine virtuelle Umgebung dazu beitragen kann, soziale Ängste zu bekämpfen. Möglich wäre, dass die Schulung in VR die Patienten auf reale Situationen besser vorbereiten kann als die normale Therapiemaßnahme (VDI Technologiezentrum GmbH 2017). Ein weiteres Beispiel der Konfrontationstherapie mit VR ist es, wenn erlebte Situationen noch nicht vom Betroffenen verarbeitet worden sind, wenn dieser beispielsweise eine Handlung bereut und gerne anders durchführen würde, um zu erfahren, wie dieser Weg ausgegangen wäre. Möglich wäre ein ehemaliger Soldat, der aus dem Krieg zurückgekehrt ist, welcher bezweifelt genug Aufwand betrieben zu haben, um das Leben seines Kollegen zu retten. Dieses traumatische Erlebnis hemmt sein normales Leben und erzeugt eine ablehnende Haltung gegenüber anderen Menschen. Der Einsatz von VR-Therapie bringt ihm die Möglichkeit an denselben Tag zurückzukehren, an dem er seinen Soldatenfreund verloren hat. Um das Verhalten zu beeinflussen wird alles in VR dafür eingesetzt, dass der traumatisierte Patient erkennt, dass er alle Handlungsschritte durchgeführt hat, die er zur Rettung tun können. Diese Erfahrung soll die Selbstzweifel und die sozialen Ängste mindern, um das Selbstbewusstsein des Soldaten wieder aufzubauen (ThinkMobiles 2017).

Ein weiteres Anwendungsbeispiel für die Behandlung von Depressionen ist ein Spiel namens SPARX, welches an der Universität von Auckland entwickelt worden ist. Es bietet für die Erforschung von Depressionen wichtige Hinweise. Das medizinische, auf VR basierende Spiel hat ein interessantes Szenario, weil der Spieler sich durch verschiedene 3DWelt bewegen muss und dabei Quests absolviert sowie seinen eigenen GNAT`s (Gloomy Negative Automatic Thoughts) ins Angesicht blickt. Dem Patienten wird gezeigt, wie er seine depressiven

Gedanken in einer unterhaltsamen und spannenden Weise bekämpfen kann. Der Einsatz solcher VR Applikationen in der Medizin bietet einen großen Vorteil, weil der Gamingeffekt das Gefühl einer Therapie überdeckt und der Patient dadurch diesem Ansatz offener gegenübertritt als einem klassischen. Untersuchungen ergeben, dass sich jeder dritte Patient nach dem Spielen von SPARX von der Depression erholt hat. Fast das gleiche Ergebnis zeigt die traditionelle Behandlung, es ist aber dabei anzumerken, dass bei dem Ansatz SPARX ca. 44 % der Spieler eine Remission nachgewiesen wurde und dieses nur bei 26 % der traditionellen Therapiegruppe erzielt worden ist (Merry 2012).

Ein anderes mögliches Anwendungsbeispiel für VR bieten Schmerzpatienten. Patienten mit Verbrennungswunden werden in die sogenannte SnowWorld (künstliche Schneelandschaft von der University of Washington) geschickt. Die Ablenkung in der verschneiten Schneelandschaft mit virtuellen Pinguinen und die Interaktion mit anderen Avataren eine Schneeballschlacht durchzuführen, dient den Patienten, die schmerzhafte Prozedur des Verbandswechsels als erträglicher (um bis zu 50 %) wahrzunehmen. Dieses stellt eine Ähnlichkeit wie bei der Gabe einer Dosis Morphium dar. Grundgedanke dabei ist, dass die Patienten in eine andere Realität versetzt werden und durch Ablenkung Schmerzen oder Stress reduzieren. Die Wirksamkeit dieser Methode wird durch eine aktuelle Studie des Cedars-Sinai Hospital in Los Angeles bestätigt. Vor allem bei der Schmerzlinderung soll die Psyche durch VR Anwendung beeinflusst werden. Sogenannte Phantomschmerzen treten bei mehr als zwei Drittel der Menschen auf, denen Gliedmaßen medizinisch entfernt werden mussten. Diese Schmerzen lösen bei dem Amputierten starke Schmerzen im Bereich der Gliedmaßen auf, die sie verloren haben, sodass die Patienten unter Schlafstörungen leiden oder in ihrem Alltag stark eingeschränkt sind. In Schweden haben sich mit dieser Problematik Forscher der Chalmers University of Technology beschäftigt. Den Patienten wurde bei der Forschung ein VR-Headset aufgesetzt, mit dem sie den Arm sehen konnten, der ein Lenkrad führt, während der Patient virtuell ein Auto fuhr. Verschiedene Elektroden wurden vorab auf dem Rest des fehlenden Armes des Patienten befestigt. Durch diese Erfahrung, den Arm wieder vollständig an dem Körper zu haben, ist das Gehirn der Patienten überlistet worden, was dazu führte, dass die Simulation das Schmerzempfinden reduzieren konnte oder teilweise eine schmerzfreie Zeit ermöglichte (Pinker 2018).

Praxisbeispiele 3

Die DOOB GROUP AG ist ein deutsches Unternehmen der 3D-Technologie. Das Unternehmen doob, welches im Jahr 2013 gegründet worden ist, beschäftigt sich unter anderem mit der Erstellung von Avataren. Die DOOB GROUP mit Sitz in Düsseldorf und Tochterunternehmen in USA und Japan besitzen mehrere Stores in Deutschland, China, USA und Japan. Scanning Locations sind in San Francisco, Los Angeles, New York, Düsseldorf und Berlin zu finden. Auf der EUROMOLD 2015 hat das Unternehmen erstmals das 3D-Scanning-System mit dem Namen DOOBLICATOR vorgestellt. Dieser kann als Komplettanbieter der 3D-Prozesskette bezeichnet werden, weil er vom Scanning über die 3D-Modellierung bis hin zum 3D-Druck den kompletten Ablauf abbildet. Der High-Tech 3D-Scanner kann für beliebige Scans von Personen und Objekten jeglicher Art eingesetzt werden. Das System ermöglicht durch den computergesteuerten Einsatz einer flexibel hohen Anzahl von High-Res Kameras höchstmögliche Qualität in der Herstellung von 3D-Scans, die als Basis für 3D-Drucke benutzt werden. In Kooperation mit Technologieexperten und Computerspezialisten entstand ein voll-integriertes Scanning-System für den mobilen und stationären Einsatz. Im Jahr 2015 ist als Creative Director Michael Michalsky ins Unternehmen mit eingestiegen und übernimmt Aufgaben wie der kreativen Entwicklung des DOOB Store-Designs, der Corporate Identity des Technologieunternehmens sowie des internationalen Markenauftritts. Ein neues Projekt von doob umfasst den Bereich Smart Hospital, welches in Zusammenarbeit mit der Universitätsmedizin Essen visualisiert wird. Das Smart Hospital stellt ein Krankenhaus dar, welches innovativ handelt und die Digitalisierung soweit wie möglich in die Prozesse integriert. Der Patient, dessen Angehörige und die Mitarbeiterschaft stehen im Smart Hospital, im Krankenhaus der Zukunft, im humanen Krankenhaus wesentlich stärker als bisher im Fokus. Hier greift das

D. Matusiewicz et al., *Avatare im Gesundheitswesen*, essentials, https://doi.org/10.1007/978-3-658-31801-7_3

Ziel der Digitalisierung, die Humanisierung zu stärken. Durch die Möglichkeiten der Digitalisierung sollen die Aktivitäten des zukünftigen Krankenhauses noch enger mit dem Patienten und den Angehörigen verbunden werden können. Das Smart Hospital umfasst ganz viele Bausteine: deutlich weniger oder keine Wartezimmer, Sprechstunden in der virtuellen Realität, Patientenakten auf dem Tablet. Dies sind in Deutschland immer noch visionär erscheinende, aber in absehbarer Zeit realisierbare Bestandteile eines modernen Gesundheitswesens. Davon unbenommen wird das Avatar-Krankenhaus Universitätsmedizin Essen als erste tatsächlich virtuelle Klinik darstellbar und von Personen betretbar gemacht (Matusiewicz 2019).

Im Universitätsklinikum Schleswig–Holstein (UKSH) ist seit Juni 2018 ein Avatar im Einsatz. Der digitale Mitarbeiter, eine Erfindung von IBM und dem Universitätsklinikum Schleswig–Holstein, dient der Aufnahme von neuen Patienten für eine ambulante oder stationäre Behandlung und begrüßt diese. Auf einem mobilen Terminal ist der Avatar für den Kranken zu sehen. Um persönliche Angaben ins Klinikverwaltungssystem einzuspeichern, bittet der Avatar darum, die Versichertenkarte in den angeschlossenen Scanner zu schieben, sodass Anschrift und Name eingepflegt werden. Der Avatar geht dann in den Dialog mit dem Patienten und fragt ihn verschiedene relevante Informationen für den weiteren Verlauf im Krankenhaus. Beispielsweise fragt er danach, wie der Namen des Hausarztes ist, ob eine Chefarztbehandlung gewünscht ist oder ob Angehörige den Patienten besuchen dürfen. Alle Fragen und Antworten werden dem Patienten auf dem Monitor angezeigt, um Korrekturen durchführen zu können. Zukünftig soll der Avatar die Beschwerden und die Situation des Patientenanliegens bewerten können, sodass die Notaufnahme besser organisiert wird und die Wartezeit bei dringenden Fällen reduziert wird und eine schnelle Behandlung erfolgen kann (Donner 2019).

Die Hauptzielgruppe von VR und AR waren einst junge, zahlungskräftige und technikaffine Menschen. Gegenwärtig werden aber immer mehr intelligenten Lösungen entwickelt, um Senioren und Menschen mit Behinderungen sowie chronischen Erkrankungen eine Unterstützung für einen selbstbestimmteren Alltag aufzuzeigen. Gerade vor dem Hintergrund des demografischen Wandels rückt die Mensch-Technik-Interaktion immer mehr in den Fokus der Entwickler. Denn intelligente Lösungen und Systeme können diesen Zielgruppen helfen, ihren Alltag selbstbestimmter zu gestalten. Der Avatar Billie ist im Rahmen des Projekts Vasa („Virtuelle Assistenten und ihre soziale Akzeptanz") vom Exzellenzcluster Kognitive Interaktionstechnologie (CITEC) der Universität Bielefeld und den v. Bodelschwinghschen Stiftungen Bethel entwickelt worden, um Senioren zu unterstützen. Er ist in der Lage, bei der Terminplanung und Tagesstrukturierung zu assistieren. Er agiert von einem Fernseh- beziehungsweise Computerbildschirm aus. Der Nutzer sagt an, welche Verabredungen und Aktivitäten geplant werden sollen. Billie trägt die Termine in einen Kalender ein und erinnert, wenn ein Termin ansteht (Koop 2017).

Neben dem zuvor genannten Projekt, älteren Menschen zu helfen, gibt es auch Projekte im Bereich „Kinder und Jugendliche", die durch Avatare Unterstützung bekommen sollen. Ein weltweites Pilotprojekt namens Avatar Kids dient dazu, dass Kinder und Jugendliche zwischen 4 und 18 Jahren während eines Spitalaufenthalts mit der Schule und der Umgebung zu Hause verbunden bleiben. Avatar-Roboter Nao kann als Bindeglied zwischen der Schule und/oder dem Zuhause und dem Langzeitpatienten fungieren. Der Avatar-Roboter vertritt das Kind vor Ort und ermöglicht, in Echtzeit "anwesend" zu sein und „live" am Schulunterricht teilzunehmen. Eingesetzt werden kann der Avatar-Roboter Nao außer im Klassenzimmer auch durch einen abnehmbaren, tragbaren Bildschirm in Form eines Samsung-Smartphones. Somit kann der kranke Patient am Alltag teilnehmen und ebenfalls mit den anderen Schulkameraden auf dem Pausenplatz oder auf der Schulreise mit dabei sein. Diese soziale Interaktion dient dem Patienten, schneller zu genesen und weniger negative Emotionen wie Heimweh oder Alleinsein zu verspüren. Es zeigt sich ebenfalls seitens der Schule ein Nutzen, indem die Mitschüler Verantwortung durch die Bedienung und Betreuung des Avatar-Roboter übernehmen. Das kranke Kind kann flexibel zu Hause oder im Krankenhaus per Samsung-Tablet verfolgen, was der Avatar-Roboter sieht oder hört. Alles was im Klassenzimmer gesprochen wird oder durchgeführt wird, kann über den Monitor dem Kind aufgezeigt werden. Umgekehrt überträgt auch der Avatar-Roboter ins Klassenzimmer, was das Kind äußert. Eine Besonderheit stellt die Emotionsverfügbarkeit dar, die dem Kind ermöglicht, Gefühle auf den Avatar-Roboter zu übertragen. Das Kind kann über Knöpfe oder Tablet-Neigung den Kopf des Roboters in alle Richtungen steuern. Auch die Lehrperson kann über ein Samsung-Tablet den Avatar-Roboter steuern und Programme, die beim Unterrichten unterstützen, abrufen. Der Avatar-Roboter kann beispielsweise Mathematikaufgaben stellen, auf die Antwort der Schüler warten, diese verstehen und korrigieren, Texte in verschiedenen Sprachen vorlesen oder Turnübungen vorzeigen oder vortanzen. Vor allem Kinder können durch eine längere soziale Isolation gesundheitliche Folgen erleiden, sodass Avatar Kids eine neue Möglichkeit bietet, die Gesundheit von Kindern zu unterstützen (avatarkids o. J.).

Auch in der Pflege wird digitale Hilfe angenommen. Das Projekt Pflegebrille ist ein Forschungsvorhaben eines interdisziplinären Teams aus Informatikern, Ingenieuren, Sozialwissenschaftlern sowie Pflegewissenschaftlern und -praktikern, dass Lösungen für die Unterstützung der Akteure im komplexen

Handlungsprozess der ambulanten Intensivpflege finden will. Pflegetätigkeiten werden aufgrund von Zeitmangel nicht entlang vorhandener Standards durchgeführt, sodass Unsicherheiten bei der Versorgung von Patienten entstehen oder aber es zu lücken- oder fehlerhaften Dokumentationen kommt. Angesichts des Fachkräftemangels ist es wichtig, dass Potenzial der informationstechnischen Innovationen zu nutzen. Das Projekt Pflegebrille untersucht das Einsatzpotenzial von AR Technologie in der Pflege. AR-Brillen werden eingesetzt, um Pflegekräfte bei der Pflege zu unterstützen. Der Einsatz der AR-Brillen gewährleistet, dass die Hände frei sind, um Pflegeaufgaben zu erledigen. Potenzieller Nutzen liegt in pflegerischen Workflows (bspw. Schmerzmanagement, endotracheales Absaugen), Pflegeplanung und -anleitung sowie Unterstützung durch Experten (erfahrene Pflegekräfte, Spezialisten bspw. für Wundpflege, Ärzte) aus der Ferne oder die Dokumentation durchgeführter Tätigkeiten. Die Pflegebrille verfügt über eine Umfeld- und Kontexterkennung, sodass Objekte aus dem Pflegealltag erkannt werden können, entweder über Tags oder direkt über Bild- und Objekterkennung. Beispielsweise kann die Brille aus der Erkennung eines Wundverbands darauf schließen, dass der Nutzer einen Verbandwechsel bei Patienten durchführen wird oder Verbandmaterial nachbestellen möchte. Ebenfalls besteht die Möglichkeit der optionalen Anbindung an vorhandene Pflegebackends. Darin sind Pflege- und Patientendokumentationen hinterlegt, sodass vorhandene Informationen zu einem Patienten (bspw. verordnete Medikation) auf der Pflegebrille visualisiert werden. Ermöglicht wird dadurch, dass nach der Durchführung des Schmerzmanagements bei Patienten der Vorgang und die gemessenen Werte automatisch dokumentiert werden. Außerdem kann sich die Pflegebrille komplett an die Bedürfnisse von Patienten anpassen bzw. integriert Informationen zu Patienten in Pflegeanleitungen. Das stellt einen großen Fortschritt in der personenbezogenen, individuellen Pflege dar. Ohne vollständige Kenntnis der (oft umfangreichen) Dokumentation zu einem Patienten zu haben, werden die Schichtdienste durchgeführt. Dabei schadet genau dieser lückenhafte Informationsfluss der Genesung des Patienten. Die Pflegebrille speichert dabei auch Kenntnisse der Pflegekräfte, sodass unwichtige standardisierte Verfahren nicht mehr eingeblendet werden, sondern dann nur noch zeitliche Vorgaben in der Brille erscheinen. Zudem können Pflegekräfte praktische Abläufe wie die Reihenfolgen bei der Vorbereitung von Tätigkeiten, abspeichern, um individuell in Schwachstellen oder Gedankenstützen unterstützt zu werden (Prilla 2018).

Weiterbildung von Krankenpflege-Personal und anderen Beschäftigten des Gesundheitswesens mit VR wird durch MedicActiv geboten. Diese virtuelle Plattform von SimforHealth ist für Gesundheitspersonal entwickelt worden. Für das Multi-User-Tool mit klinischen Fallbeispielen für Gesundheitspersonal wurde das Unternehmen auf der CES 2017 mit dem eHealth Innovation Award ausgezeichnet. Mit der Anwendung soll in Gesundheitsinstitutionen wie Krankenhäusern das teambasierte Arbeiten gefördert und der Austausch von Fachwissen erleichtert werden. Darüber hinaus beinhaltet MedicActiV ein internationales Modell zum Erstellen, Besprechen und Verteilen von realen und fingierten medizinischen Fällen, das bereits von rund 30,000 Menschen weltweit genutzt wird. Das Unternehmen hat basierend auf der Prämisse „Never the First Time with the Patient" das System entwickelt, um immersives VR-Training für Mediziner und Pflegepersonal zu ermöglichen und Fachwissen praktisch zu konsolidieren. In vielen angehenden Gesundheitsberufen gehört das Aufnahmegespräch mit dem Patienten zur alltäglichen Arbeit und genau dieses kann ausführlich virtuell geübt werden und zwar so oft und so lange wie, nötig. Zudem ermöglicht VRpatient von Virtual Education Systems/VES ein ähnliches VR-Simulations-Highlight auch Gesundheits- und Krankenpflegern verschiedene Aufgaben, die von ihnen in einem Krankenhaus, einer Klinik, einem Heim oder Krankenwagen abverlangt werden, virtuell durchzuführen und anhand eines Avatars zu üben. Somit können die Lernenden flexibel zu Hause oder im Labor auf das Lernwerkzeug zugreifen. Außerdem können Ausbilder den Avatar ändern, um verschiedene Arten von Patienten zu simulieren, einschließlich pädiatrischer, erwachsener oder Patienten verschiedener Kulturen. VR ermöglicht es, dass die Lernenden ein tiefes Verständnis für Entscheidungen erlangen, weil sie direkt ein Echtzeit-Feedback mit physiologischen Reaktionen wahrnehmen können. Neben den genannten Berufsgruppen haben die Systeme auch Rettungssanitäter in der Software, die den hypothetischen Notfall virtuell darstellen. Anhand eines benutzerdefinierten Case-Builders kann der Trainee beispielsweise Bilder aus der Röntgendiagnostik oder Laborbefunde sondieren. Ein persönlicher Account gewährleistet dem Übenden, verschiedene Aufgaben virtuell zu erlernen. Bestandteile des Tools sind beispielsweise das Ausfüllen von Formularen in chronologischer Vorgehensweise, um Timing und Vollständigkeit zu prüfen. Ein Debriefing-Modul bietet Auszubildenden und Dozenten die Möglichkeit eines Feedbacks. PeriopSim ist in Kanadien vor allem für OP-Pflegepersonal entwickelt worden. Diese 3D-iPad-App stellt eine ausgiebige Hilfestellung beim Übergang von der Theorie in die Praxis dar. Es werden medizinisch korrekte Handlungsabläufe gefordert, um im Programm Punkte zu sammeln und einen Vergleich mit anderen Studenten zu schaffen. Das Unternehmen möchte in der Gestaltung auf gamifizierte Strukturen aufbauen. Das PeriopSim, das traditionelles medizinisches Training bei der Vermittlung und Bewertung von Kernkompetenzen sinnvoll ergänzt, hat eine Studie durchgeführt, die zeigt, dass nach durchschnittlich drei Sitzungen jeder Studierende der Neurochirurgie eine signifikante Verbesserung der Fehlerquote aufwies. Neben PeriopSim bietet UbiSim eine weitere VR-Pflegepersonal-Plattform zur Vorbereitung auf reale Arbeitssituationen. Diese ist ein Spin-Off der ETH Zürich und wurde zusammen mit der Krankenpflege-Abteilung der renommierten Berufsfachschule Ecole La Source in Lausanne und mit verschiedenen Hospitälern sowie Institutionen, wie dem Roten-Kreuz in Frankreich entwickelt. Neben den täglichen Maßnahmen einer Blutentnahme oder der Kontrolle von Patienten-Daten vor einer Blut-transfusion, kann der Lernende auch die Durchführung von Arbeitsschritten bei einer seltenen Komplikation üben und so seine Reaktionsgeschwindigkeit prüfen. Die Software umfasst verschiedene Trainingseinheiten, die auf den uni-versellen Bedarf ausgerichtet und dementsprechend standardisiert worden sind (Pape 2018). Um Angstpatienten und vor allem kleine Patienten furchtlos im MRT zu begleiten, ist aus einem Projekt VR-RLX, ein integriertes VR-System zur Reduktion und Sedativa in der pädiatrischen Radiologie entstanden. Das Projekt führt Medizintechnik, Spieleindustrie und Forschungsinstitutionen zusammen, um durch den Einsatz moderner Kommunikationstechnologie das Wohlbefinden von Patienten während medizinischer Untersuchungen zu fördern. VR-RLX hat sich zur Aufgabe gemacht, ein VR-System zur Reduktion von Angst und Stress bei Kindern während der Untersuchung im Magnetresonanztomo-grafen (MRT) zu entwickeln. Der Nutzen dabei ist, dass die Untersuchung im MRT für viele Menschen eine unangenehme und beängstigende Erfahrung dar-stellt. Die Patienten müssen in einem sehr engen, dunklen Raum, umgeben von ungewohnten und lauten Geräuschen, über einen längeren Zeitraum bewegungs-los und isoliert von den Angehörigen ausharren. Allein die Größe des Geräts wirkt einschüchternd, sodass die Untersuchung zu einer psychischen Belastung, zusätzlich zum eigentlichen Untersuchungsgrund, wird. Ängstliche Menschen und sensible Personengruppen wie Kinder, die ein geringes Situationsverständ-nis besitzen, reagieren deshalb häufig mit Stress und zum Teil starken Abwehr-reaktionen, sodass die Untersuchung erschwert und verlängert wird oder sogar das Untersuchungsergebnis negativ beeinflusst werden kann (Weixler 2003; Trzebiatowski 2012). Daher ist es in der Praxis üblich, Sedativa oder Narkotika zur Ruhigstellung zu verwenden, was insbesondere bei Kindern Risiken birgt und bei Personen mit einem geschwächten Immunsystem zu einer zusätzlichen physischen Belastung führt. In dem Projekt wird wissenschaftlich untersucht, wie die MR-tauglichen VR-Brillen und das Eintauchen in eine individualisier-baren Entertainment-Umgebung vom Patienten angenommen werden und welche geeigneten Parameter verschiedener Unterhaltungsszenarien, wann am effektivsten sind. Um eine gelungene Immersion der Patienten zu gewähr-leisten, werden die Komponenten des VR-Systems für diesen Einsatzzweck als

Medizingerät spezifiziert und optimal aufeinander abgestimmt. Der Forschungsprototyp wird am Universitätsklinikum Essen in der Arbeitsgruppe mit Kindern erprobt. Der Pingunauten Trainer ist eine VR-App für Smartphones, die auf spielerische Art Kinder auf die Untersuchung im MRT vorbereitet. Schrittweise und mit kleinen Spielen können dadurch die Kinder einen originalgetreuen virtuellen Untersuchungsraum entdecken und kennenlernen, sodass sie dadurch üben, ruhig zu liegen, während sie einen virtuellen MRT Scan erleben. Mit der App und einer Halterung aus Plastik kann das Smartphone als eine einfache VR Brille benutzt werden. Neben dem Vermeiden von Risiken bei der Vergabe von Sedativa und Narkosemitteln sowie deren Nebenwirkungen, liegt die Innovation in der Anwendung von Unterhaltungstechnologien in der Medizin darin, dass der VR-Einsatz vergleichsweise kostengünstigen ist. In der Zukunft soll das System auch auf andere Patientengruppen wie z. B. Demenzkranke und Klaustrophobiker und auf weitere Anwendungsfelder wie z. B. der Zahnmedizin erweitert werden (Liszio 2018). Das Startup RetroBrain, entstanden durch Förderung des Bundeswirtschaftsministeriums und der Stiftung Charité, hat die MemoreBox entwickelt, um Senioren in der Prävention zu unterstützen. Das Ziel der VR Anwendung besteht darin, dass Senioren durch verschiedene Übungen Stand- und Gangsicherheit sowie kognitive Fähigkeiten trainieren und durch die Interaktion mit anderen Avataren die soziale Inklusion fördern sollen. Zukünftig könnten verschiedene Entwicklungen, die das Ziel der Seniorenprävention verfolgen, in jedem Alten- und Pflegeheim aufzufinden sein (Dauerer 2018).

Ein weiteres Usecase sind digitale Kongressformate im Gesundheitswesen, die in der nachfolgenden Abb. 3.1 zu sehen. Gerade in Zeiten der Coronakrise ist die Digitalisierung wichtiger denn je. Deswegen gibt es zunehmend Virtual Reality Vorträge bspw. zur Digitalen Transformation im Gesundheitswesen, die passenderweise auch virtuell veranstaltet werden können. Es ist nach Angaben der Zuschauer faszinierend mit einem Redner virtuell auf der Bühne zu stehen und zu sehen, wie der Redner der live spricht und gestikuliert. Neben klassischen Videokonferenzen über Zoom und Co. gibt es auch durch exponentielle Technologien wie Virtual Reality VR heute einen einfachen Zugang zu einer immersiven Interaktion mit dem Publikum, die mit ihren eigenen oder generischen Avataren in 3D oder wie in einem Computerspiel über ihren Browser ohne eigene Technik über ihren Monitor von zugeschaltet sind und über Chat oder Mikrofon zugeschaltet sind.

Abb. 3.1 Der fotorealistische Avatar Dx2 (r.) mit einem fotorealistischen Avatar von Peter Gladisch von Boehringer Ingelheim. (Quelle: doob 3D)

Ausblick und Entwicklungsperspektiven

4

Um die technischen Möglichkeiten voll ausschöpfen zu können, müssen die Herausforderungen der Technik beachtet und diesen so gut es geht entgegengewirkt werden. Eine 5G-Verbindung wird zwangsläufig von Nöten sein, um sich den immer anspruchsvolleren Herausforderungen der digitalen Transformation in diesem Bereich stellen zu können. Die Einführung von 5G verbessert die Mobilfunkbandbreite, reduziert Latenzen und sorgt durch zuverlässigere Datenübermittlung für ein insgesamt besseres Nutzererlebnis. Dazu müssen vor allem die IT-Infrastrukturen in den gesundheitlichen Einrichtungen weiterentwickelt werden, die heute meistens noch veraltet vorzufinden sind. Neben der Ausgestaltung besserer Netzwerke benötigt die AR/VR-Branche auch einen besseren Schutz vor Cyberangriffen. Denn in einem Bericht von Malwarebytes Labs ist schon 2017 darauf hingewiesen worden, dass es im Jahr 2016 mehr als eine Milliarde Malware-Angriffe auf an IoT angeschlossene Geräte gab. Dieses lässt erahnen, welche Probleme rein aus Datenschutzrecht mit Cyberangriffen im Gesundheitsbereich auftreten können. Neben speziellen Anwendungen wie Pokémon Go konzentriert sich das AR/VR-Angebot nun auch auf den medizinisch/gesundheitlichen Bereich und nutzt dabei vor allem Geräte wie VR-Brillen, Mobiltelefone mit Kamera- und App-Funktionen für AR sowie Spielekonsolen und Smartwatches. Samsung, Sony, Microsoft, HTC und Oculus sind die führenden Hersteller von VR-Geräten für Bildung und Unterhaltung. Schätzungen zufolge wird der globale Umsatz mit der virtuellen Realität circa 19 Mrd. US$ im Jahr 2021 ausmachen (Statista 2019).

VR und AR ermöglichen es, in eine andere Welt einzutauchen. Dafür müssen drei wesentliche Faktoren beim Menschen erfolgen. Erstens place illusion, sodass der Mensch glaubt, an einem anderen Ort zu sein. Zweitens plausibility illusion, sodass der Anwender denkt, dass ein gesehenes Ereignis wirklich stattfindet, obwohl es in der realen Welt nicht passiert. Und drittens social illusion, dabei empfindet der Mensch die soziale Nähe von anderen Personen als ob diese wirklich real anwesend sind. Behandlungen von psychischen Erkrankungen weisen eine lange Wartezeit auf, sodass die neuen Möglichkeiten der VR-/AR-Therapie als bedeutsame Chance genutzt werden können. Die digitale Welt ermöglicht den Zugang zu evidenzbasierten Behandlungen für diejenigen, die keine persönliche Behandlung erhalten können (z. B. aufgrund von Mobilität oder geografischen Einschränkungen) oder nicht bereit sind (z. B. aufgrund einer wahrgenommenen Stigmatisierung). Alle bisher durchgeführten Studien zur Behandlung von Angststörungen weisen darauf hin, dass sich die Behandlung mit VRET als eine wirksame Alternative zur In-vivo-Exposition zur Behandlung von Angststörungen identifizieren lassen hat. Eine enge Zusammenarbeit mit den digitalen Möglichkeiten zeigt sich in der Radiologie. Künstliche Intelligenz und Radiologen stellen ein zukunftsorientiertes Team dar. Eine Erleichterung zeigt sich beispielsweise darin, dass KI Veränderungen in Gewebestrukturen entdeckt, welche nicht mit dem bloßen Auge erkennbar sind. Ebenfalls können Tumore oder Knochenbrüche mittels einer speziellen Software identifiziert werden, sodass die Diagnose beschleunigt werden kann.

In der Medizin wartet man gegenwärtig auf die Revolution, dass die Herstellung von Organen durch Stammzellen möglich ist. Diese Technologie, zu der auch der 3D-Druck gehört, kann die gesamte Transplantationstechnologie mit neuen Möglichkeiten bereichern. Die künstlich erzeugten Organe aus Eigengewebe müssen, sofern irgendwann deren Funktionalität gegeben ist, dazu von Medizinern implantiert werden können. Hierbei kann Augmented Reality unterstützen und die Risiken zu reduzieren. Selbst bei perfekt nachgebildeten Herzen, Lungen, Nieren und Lebern bleibt deren Austausch gegen das kranke Organ eine kritische Operation mit vielen Risiken. Punktgenaues, mikrochirurgisches Arbeiten mit Hilfe von Augmented Reality kann die Technologie deutlich nach vorne bringen.

Avatare im Gesundheitswesen können aber auch einfach für eine andere Form von Kommunikation in Zeiten von Corona genutzt werden, so wie es die Autoren des vorliegenden Werkes bereits seit einiger Zeit erfolgreich praktizieren. Dies erfolgt entweder im Dialog im Virtuellen Raum oder eben auch mal stillschweigend in Form von 3D-Gipsform – durch eingescannte Gipsfiguren im Dooblikator (siehe nachfolgende Abb. 4.1).

Abb. 4.1 Die rund 30 cm großen Dooblikate von Jochen A. Werner (l.) und David Matusiewicz. (Quelle: privat)

Video 1: Avatare im Gesundheitswesen und Medizin – Digitale Vorträge und Kongresse

Da im Jahr 2020 viele Vorträge und Kongresse wegen dem Corona-Virus nicht stattfanden, wurde auch nach Alternativen gesucht. So können Live-Talks mit mehreren hundert Personen gleichzeitig auch virtuell stattfinden, wobei die Teilnehmer entweder immersiv in VR dabei sind oder über ihr Smartphone oder ihren Laptop/PC als Beobachter in der Ich-Perspektive zugeschaltet (Abb. 5.1).

Abb. 5.1 Filmszene von Dx2 und dem virtuellen Roboter Pepper. (Quelle: Doob3D)

Video 2: Avatare im Gesundheitswesen und Medizin – Digitale Vorträge und Kongresse

Prof. Dr. Andreas Pinkwart ist Minister für Wirtschaft, Innovation, Digitalisierung und Energie des Landes Nordrhein-Westfalen. In dem Talk geht es um seine Erfahrungen als erster digitaler avatarisierter Minister im virtuellen Raum. Gerade in der Medizin und in der Pflege gibt es zahlreiche Chancen, die durch virtuelle Welten zu heben sind. In der Folge im Gespräch mit den Herausgebern des essential (Abb. 5.2).

Abb. 5.2 Cover der Digi Health Talk Folge aus Youtube. (Quelle: Digi Health Talk)

Was Sie aus dem *essential* mitnehmen können

- Überblick über den theoretischen Einsatz von Virtual Reality im Gesundheitswesen
- Praxisbeispiele bei denen Virtual Reality und Avatare heute schon im Gesundheitswesen verwendet werden
- Chancen und Risiken für den zukünftigen Einsatz von Virtual Reality im Gesundheitswesen

Literatur

Bockholt, N. (2017). VR, AR, MR und was ist eigentlich Immersion? https://www.thinkwithgoogle.com/intl/de-de/marketingkanaele/innovative-technologien/vr-ar-mr-und-was-ist-eigentlich-immersion/. Zugegriffen: 13. Mai 2019.

Broderic, K. D. (1982). *The Judas Mandala*. Oxford: Oxford English Dictionary.

Craig, T. (2016). Virtuelle Konfrontation mit Phobien, in: Virtual Reality: In der Medizin bald nicht mehr wegzudenken. https://t3n.de/news/virtual-reality-medizin-bald-691207/. Zugegriffen: 26. Mai 2019.

Dauerer, V. (2018). Gaming zur Prävention. https://www.qiio.de/gesamtgesellschaftliches-gaming-zur-praevention. Zugegriffen: 10. Juni 2019.

DigiTwins. (2019). DigiTwins. DIGITALER ZWILLINGS FOR BETTER HEALTH. Better diagnosis – Better care – Better lif. https://www.DigiTwins.org/. Zugegriffen: 26. Mai 2019.

Dittmann, J., & Marotzki, W. (2017). Digitale Vertrauenskulturen, in: Medienpädagogik. Zeitschrift für Theorie und Praxis der Medienbildung. https://www.file:///C:/Users/Admin/AppData/Local/Packages/Microsoft.MicrosoftEdge_8wekyb3d8bbwe/TempState/Downloads/543-Artikeltext-774-1-10-20170807%20(1).pdf. Zugegriffen: 17. Mai 2019.

Donner, S. (2019). Ein Avatar im Krankenhaus. https://www.vdi-nachrichten.com/Technik/Ein-Avatar-im-Krankenhaus. Zugegriffen: 4. Juni 2019.

Frauenhofer. (2018). CeBIT 2018 – Mixed Reality: Natürlich zwischen Welten wandeln, in: Presseinformation. https://www.fraunhofer.de/content/dam/zv/de/presse-medien/2018/Juni/pi26_CeBIT_HHI_MixedReality.pdf. Zugegriffen: 17. Mai 2019.

Friedrich, T. (2016). Virtual Reality: In der Medizin bald nicht mehr wegzudenken. https://t3n.de/news/virtual-reality-medizin-bald-691207/. Zugegriffen: 26. Mai 2019.

Garcia-Palacion, A., Hoffman, H., Kwong See, S., Tsai, A., & Botella, C. (2001). Redefining therapeutic success with virtual reality exposure therapy. *CyberPsychology & Behavior, 4*(3), 341–348.

Garcia-Palacios, A., Botella, C., Hoffman, H., & Fabregat, S. (2007). Comparing acceptance and refusal rates of virtual reality exposure vs. in vivo exposure by patients with specific phobias. *CyberPsychology & Behavior, 10*(5), 722–724.

Gerards, M. (2017). Virtual-Reality-Anwendungen im Gesundheitswesen und im medizinischen Bereich. https://www.healthcareshapers.com/virtual-reality-anwendungen-im-gesundheitswesen-und-im-medizinischen-bereich/. Zugegriffen: 29. Mai 2019.

Gieselmann, H. (2017). Bewegungen in Virtual Reality jenseits des Teleporters. https://www.heise.de/newsticker/meldung/Bewegungen-in-Virtual-Reality-jenseits-des-Teleporters-3637164.html?hg=1&hgi=10&hgf=false. Zugegriffen: 17. Mai 2019.

Hans, E., & Hiller, W. (2013). A meta-analysis of nonrandomized effectiveness studies on outpatient cognitive behavioral therapy for adult anxiety disorders. *Clinical Psychology Review, 33*(8), 954–964.

Herb, L., & Matusiewicz, D. (2019). Virtual Reality im Einsatz bei älteren Menschen – healthy aging 2.0, HCM Magazin.

Hertel, Y. (2017). Die Geschichte der virtuellen Realität. https://www.vrnerds.de/die-geschichte-der-virtuellen-realitaet/. Zugegriffen: 16. Mai 2019.

Hipol, L., & Deacon, B. (2013). Dissemination of evidence-based practices for anxiety disorders in Wyoming: A survey of practicing psychotherapists. *Behavior Modification, 37*(2), 170–188.

Hofmann, S., Asnaani, A., Vonk, I., Sawyer, A., & Fang, A. (2012). The efficacy of cognitive behavioral therapy: A review of meta-analyses. *Cognitive Therapy and Research, 36*(5), 427–440.

Keane, P. (2018). Digitaler Zwillings: Wo stehen wir heute? https://www.engineering.com/deutsch/cadcae/digital-Zwillings-wo-stehen-wir-heute/. Zugegriffen: 26. Mai 2019.

Kirk-Mechtel, M. (2015). Was ist ein Gravatar und wozu brauche ich den? https://www.annetteschwindt.de/2015/07/21/was-ist-gravatar/. Zugegriffen: 17. Mai 2019.

Koop, S. (2017). Billie – der persönliche virtuelle Assistent. https://www.youtube.com/watch?v=8lTcppqBr74&t=52s. Zugegriffen: 4. Juni 2019.

Länger, K. (2017). Wege in virtuelle Welten. Was ist Virtual, Augmented und Mixed Reality? https://www.it-business.de/was-ist-virtual-augmented-und-mixed-reality-a-650442/. Zugegriffen: 15. Mai 2019.

Liszio, S. (2018). Der Pingunauten Trainer – Eine spielerische VR App für Kinder zur Vorbereitung auf das MRT. https://www.vr-rlx.de/der-pingunauten-trainer-eine-spielerische-vr-app-fuer-kinder-zur-vorbereitung-auf-das-mrt/. Zugegriffen: 10. Juni 2018.

Lorber, M. (2017). Spiele-Engines: Eine Übersicht, in: EA Blog für digitale Spielkultur. https://spielkultur.ea.de/allgemein/spiele-engines-eine-uebersicht/. Zugegriffen: 17. Mai 2019.

Marcks, B., Weisberg, R., & Keller, M. (2009). Psychiatric treatment received by primary care patients with panic disorder with and without agoraphobia. Psychiatric Services (Washington, DC), 60(6). https://doi.org/10.1176/appi.ps.60.6.823. Zugegriffen: 20. Sept. 2019.

Matusiewicz, D. (2018). Digitalisierung im Gesundheitswesen – wenn der digitale Zwilling schon vorher beim Arzt war. *IM+io Magazin für Innovation, Organisation und Management, 1*, 44–47.

Matusiewicz, D. (2019). Avatare im Gesundheitswesen – ein Erfahrungsbericht. *BKK Magazin,*, Ausgabe 2019, 68–75.

Merry, S. (2012). The effectiveness of SPARX, a computerised self help intervention for adolescents seeking help for depression: randomised controlled non-inferiority trial. https://www.bmj.com/content/344/bmj.e2598. Zugegriffen: 26. Mai 2019.

Mogk, C. (2018). Virtuelle Realität erleichtert den Alltag für Patienten und Mediziner. https://www.autodesk.de/redshift/virtuelle-realitaet-im-gesundheitswesen/. Zugegriffen: 8. Mai 2019.

Nauber, T. (2016). Die Zukunft der Medizin ist virtuell. https://www.welt.de/wissenschaft/article157934075/Die-Zukunft-der-Medizin-ist-virtuell.html. Zugegriffen: 26. Mai 2019.

Pinker, A. (2018). VR Healthcare: Virtual Reality in der Medizin. https://medialist.info/2018/01/26/vr-healthcare-virtual-reality-in-der-medizin/. Zugegriffen: 26. Mai 2019.

Powers, M., & Emmelkamp, P. (2008). Virtual reality exposure therapy for anxiety disorders: A meta-analysis. *Journal of Anxiety Disorders, 22*(3), 561–569.

Prilla, M. (2018). Unterstützung von Pflegekräften durch Augmented Reality: Das Projekt Pflegebrille. https://www.uni-potsdam.de/vrarl/index.php/2018/11/29/unterstuetzung-von-pflegekraeften-durch-augmented-reality-das-projekt-pflegebrille/. Zugegriffen. 4. Juni 2019.

Schuh, M. (2018). Der „Digitaler Zwilling" in der Medizin, Patient und Medizinprodukt als Simulation. https://www.reuschlaw.de/news/der-digital-Zwilling-in-der-medizin/. Zugegriffen: 26. Mai 2019.

Statista. (2019). Prognose zum Umsatz mit Virtual Reality weltweit in den Jahren 2016 bis 2021 (in Milliarden US-Dollar). https://de.statista.com/statistik/daten/studie/318536/umfrage/prognose-zum-umsatz-mit-virtual-reality-weltweit/. Zugegriffen: 5. Juni 2019.

ThinkMobiles. (2017). Virtuelle Realität, um Phobien zu besiegen. https://thinkmobiles.com/de/blog/virtuelle-realitaet-medizin/. Zugegriffen: 29. Mai 2019.

Trzebiatowski, E .(2012). Magnetresonanztomografie für MTRA/RT, Thieme.

UCL. (2016). Virtual reality therapy could help people with depression. https://www.ucl.ac.uk/news/2016/feb/virtual-reality-therapy-could-help-people-depression. Zugegriffen: 26. Mai 2019.

VDI Technologiezentrum GmbH. (2017). Virtuelle Therapie, reale Wirkung. https://www.medizintechnologie.de/infopool/medizin-technologie/2017/virtuelle-therapie-reale-wirkung/. Zugegriffen: 29. Mai 2019.

Weixler, D. (2003). Palliativmedizin – Sedierung von Sterbenden. In D. Weixler & K. Paulitsch (Hrsg.), *Praxis der Sedierung*. Wien: Facultas Universitätsverlag.